देह की भाषा

[कविता संग्रह]

देह की भाषा

सुरेश कुमार वशिष्ठ

राधाकृष्ण
नयी दिल्ली पटना इलाहाबाद कोलकाता

ISBN : 978-81-8361-645-4

देह की भाषा

पहला संस्करण : 2014

मूल्य : ₹ 250

प्रकाशक

राधाकृष्ण प्रकाशन प्राइवेट लिमिटेड
7/31, अंसारी मार्ग, दरियागंज, नई दिल्ली–110 002

शाखाएँ : अशोक राजपथ, साइंस कॉलेज के सामने, पटना–800 006
पहली मंजिल, दरबारी बिल्डिंग, महात्मा गांधी मार्ग, इलाहाबाद–211 001
36 ए, शेक्सपियर सरणी, कोलकाता–700 017

वेबसाइट : www.radhakrishnaprakashan.com
ई–मेल : info@radhakrishnaprakashan.com

मुद्रक : बी.के. ऑफसेट
नवीन शाहदरा, दिल्ली–110 032

DEH KI BHASHA
Poems by Suresh Kumar Vashishtha

उसके लिए–

जिसे मालूम है

ये उसी के लिए है।

अनुक्रम

देह की भाषा

प्रार्थना

[1]

प्रार्थना
ईश्वर के न होने की यातना।

[2]

प्रार्थना के लिए जुड़े हाथ
देवताओं के नाम बुदबुदाते होंठ
आशीर्वाद लेने को आतुर सिर
बंद आँखें
क्या ईश्वर को इसी नपुंसक श्रद्धा की
आवश्यकता है?

[3]

सहेजो
सुन्दर और आकर्षक सम्बोधन।
खोजो
रंग-बिरंगे पत्थर।
नापो
ग्रहों-उपग्रहों की दूरियाँ।
देखो
मीनारों और गुम्बदों के नक्शे।
पढ़ो

वास्तुकला की पुस्तकें।
शब्द, पत्थर, दूरी, नक्शे
इन सबसे मिलकर बनेगा
एक प्रार्थना घर।

प्रार्थना की रचना
अभी बाकी है।

क्रान्ति की सम्भावनाएँ

क्रान्ति की सम्भावनाएँ
अब शून्य हैं।

जंगल में लगी आग
शहर तक पहुँच गई है
गृहिणी ने सुलगा लिया है चूल्हा।
बाढ़ का पानी
घरों में घुस आया है
कागज की नावें
पानी में छोड़ दी हैं बच्चों ने।
पृथ्वी का तापमान
बढ़ रहा है प्रतिदिन
वैज्ञानिकों ने जारी कर दी है
चेतावनी।

खिसक रहे हैं पहाड़
उफन रही हैं नदियाँ
क्रोधित है समुद्र
मौसम ने बदल लिए हैं रंग
उदासीन है आकाश।

ऐसे माहौल में
क्रान्ति की सम्भावनाएँ
अब शून्य हैं।

आस्था

[जून 2013 में उत्तराखंड त्रासदी के बाद]

प्रभु
तुम्हारे प्रति आस्था का
क्या यही परिणाम होना था
अपनों के दुख में
अपनों को रोना था।
देवभूमि में विनाश की लीला
तुमने स्वयं दिखाई थी
या इस महाध्वंस के लिए
अनुमति कहीं और से आई थी।

हमें नहीं पता
क्या थी तुम्हारी मजबूरी
हम इसी लायक थे
शायद हमारी श्रद्धा थी आधी-अधूरी।

प्रभु
सुन लो हमारी भी चेतावनी।
तुमको नहलाएँगे, धुलाएँगे
और मन्दिर में बिठाएँगे।
तुम बुलाओ या न बुलाओ
पर हम

अपनी झूठी, आधी-अधूरी
आस्था लेकर
फिर से तुम्हारे पास आएँगे।

ईश्वर की मृत्यु

मनुष्य ने
ईश्वर को अपनी समस्या बताई
और समाधान की प्रार्थना की।

ईश्वर ने
मनुष्य की प्रार्थना सुनी
"स्वयं पर विजय पाओ"
ईश्वर ने कहा।
यही सारी समस्याओं का उत्तर है।
ये सब
कृतज्ञ मनुष्य की समझ में नहीं आया
स्वयं को जीतने के लिए
उसने मन्दिर बनाया।
नतमस्तक होकर
मन्दिर में पुष्प चढ़ाए
कृतज्ञता में
श्रद्धावश कुछ शब्द बुदबुदाए
यही सब करने
मनुष्यों के समूह पर समूह आए।
उसी दिन
ईश्वर की मृत्यु हो गई
घोषणा अभी बाकी है।

सूर्योदय की प्रतीक्षा में

सूर्योदय की प्रतीक्षा में–
कितनी करवटें बदलीं
कितने सपने देख डाले।
ऋतुओं ने आश्वासन दे
बार–बार छला।
वृक्षों की पंक्तियाँ पार करते–करते
न जाने कहाँ निकल गए।
हवाओं के संग–संग
कहाँ–कहाँ नहीं उड़े
हम
सूर्योदय की प्रतीक्षा में।

हर ज्ञानी–अज्ञानी को घेर
सैकड़ों प्रश्न पूछे–
'इस देश में सूर्य आता भी है'
'अगर आया तो किस दिशा
से आएगा?'
'आने पर कैसा दिखेगा'
इस तरह पूछते–पूछते
प्रश्नवाचक बन गए
हम
सूर्योदय की प्रतीक्षा में।

कितने चित्रों में देखा
असंख्य ग्रन्थों में पढ़ा
खोज-खोज कर सारी जानकारी इकट्ठी की।

अब
सूर्य-विशेषज्ञ हो गए हैं
हम
सूर्योदय की प्रतीक्षा में।

चमोली का भूकम्प

[1999 चमोली, उत्तराखंड में भूकम्प के बाद]

भूकम्प आएगा
और खबर भी नहीं होगी।

मचलेगी कोई बच्ची
दूध के लिए।
बीमार बुढ़िया के हलक में जाने से पहले
छलक जाएगी दवा।

प्यार करने को आतुर शरीर
अलग हो जाएँगे अचानक।
ऊपर-नीचे होने लगेंगे
शहर के मकान।
बिखर जाएँगे
कितनी ही आँखों के सपने।

सन्नाटे खिंचे शहर में
मच जाएगी चिल्ल-पौं।
अचानक ही आएगा
बताकर नहीं
भूकम्प।

कन्याकुमारी का सूर्योदय

दूर तक फैला समुद्र
और समुद्र को ढँकता आकाश।

सूर्य–देवता की प्रतीक्षा में हम
उनींदे और ऊँघे हुए से।

बादलों को चीरकर निकलती किरणें
सरपट भागते घोड़ों की परछाइयाँ
रथ पर अनमने से बैठे सूर्य–देव।

कैमरों में हमने किया बन्द
सूर्य की ऊष्मा को
सागर की लहरों को
और आसमान की असीमता को।

नदी

एक नदी ने हमारे साथ-साथ यात्रा की
या फिर
हम चले नदी के साथ-साथ।

असंख्य घुमावदार रास्तों
वृक्षों के झुरमुटों
और छोटे-छोटे कस्बों से निकालकर
नदी ले गई हमें अपने साथ।

उँगली पकड़कर दिखाया नदी ने
उदगम स्रोत
फिर एकाएक
खो गई पहाड़ों के बीच।

हम ढूँढ़ते रहे हक्के-बक्के
पूछते रहे पहाड़ों से, पेड़ों से, पक्षियों से
नदी का स्रोत

पर नदी का स्रोत होता है कहीं।

कोणार्क

सूर्य की पहली किरण–
जीवित हो गए पत्थर।

पत्थर
समझते और सिखाते हैं
प्रेम की भाषा।

मसूरी का एक दिन

बादलों के साथ चलते-चलते
बादलों के साथ खेले हम।

दूर तक फैली
देवदार के वृक्षों की पंक्तियाँ
वनस्पतियों को धोती
बारिश की बूँदें।

हरीतिमा के जंगल में
घुमावदार रास्तों से
गुजरते हुए
महसूस किया हवा के ठंडेपन को।

पहाड़ की चोटी से दीखते
माचिस की डिबिया जैसे घर
चीटियों की तरह रेंगते लोग।

एक पूरा दिन
बादलों, हवाओं, बारिश, जंगल के साथ
जिया हमने।

मसूरी–दो : बिम्ब

शाम

पहाड़ों को घेरते दूधिया बादल
जैसे
किसी सुघड़ गृहिणी ने
घोल कर सर्फ बाल्टी में
उलट दिया हो।

रात

भोले–भाले बच्चों ने
दीपों की पंक्ति
जल्दबाजी में
रख दी बेतरतीबी से।

देह की भाषा

क्या तुम जानती हो
तुम्हारी देह की एक भाषा है।

देह को बोलना
देह को सुनना
और समझना
यही भाषा सिखाती है।
और
यही भाषा
देह को एक कविता बनाती है।

देह की भाषा का व्याकरण
नियमित करता है
शब्दों, भावों, क्रियाओं
वचनों और सन्धियों को।

मन में उमगते विचारों
और देह से निकलती ध्वनियों की
व्याख्या भी
यही व्याकरण करता है।

तुम्हारी आँखों से निकलता सम्बोधन

हर एक अंग का कम्पन
तुम्हारा प्रेम, अनुभव, मौन
आसक्ति, विरक्ति, तटस्थता
विचारों का आलोचन।
इसी भाषा के माध्यम से
बनाते हैं एक तिलिस्म।

देह के इस तिलिस्म को
पढ़ता हूँ
समझता हूँ
इसके रहस्यों को।
और फिर अनुवादित करता हूँ
अपनी देह के लिए
तब मेरे काम आती है
तुम्हारी देह की भाषा।

मौत

मौत से ठीक पहले
किसके बारे में सोचूँगा मैं।

बुजुर्गों की विरासत
या
बच्चों का भविष्य।

गुनाहों की गिनती
या
अच्छा न कर पाने का दुख।

दुश्मनों की नफरत
या
दोस्तों की ईर्ष्या ।

तुम्हारे साथ बिताए चन्द पल
या
तुम्हारी याद में बिताए वर्ष।

स्वर्ग के देवदूत
या
नरक का द्वार।

कहीं ऐसा तो नहीं
अचानक ही आ जाएगी मौत
सोचने का मौका दिए बिना।

शब्द

तुम्हारे होंठों से निकलती प्रार्थना को
बाँचते-बाँचते
मैं भी एक शब्द
बन गया हूँ।

उस शब्द को समझाने में
तुम अपनी प्रार्थना भूल
जाती हो।

कहीं ईश्वर नाराज न हो जाए
या फिर
किसी अनहोनी की आशंका से
काँपने लगती हो तुम।

तुम्हारी बुदबुदाहट से
निकलती है फिर
एक
भूली हुई सी प्रार्थना।

रोगी

एक पीली पत्ती
अचानक आ पड़ी बिस्तर पर
सूखी, टूटी और मुक्त।

ऐसी ही मुक्ति की प्रतीक्षा
(या मृत्यु की परछाईं का दूसरा नाम)
में लेटा है एक रोगी।

खाँसते और बुखार से तपता बदन
देखता है अब भी एवरेस्ट पर
झंडे गाड़ने के सपने
अब भी पाले है भ्रम
अपने सामर्थ्य और आशा का।

भयभीत मन अब अँधेरे मात्र से घबराता है
पर रोशनी की अट्टालिकाओं पर बेहिचक चढ़ जाता है।

थूक में भी हो सकते हैं रोगाणु
बाहर निकलती साँस बना सकती है
औरों को बीमार
अशक्त है डिलने-डुलने में
मस्तिष्क को जकड़ रखा है हजारों बिच्छुओं ने।

पर इससे क्या फर्क पड़ता है
बन्धनों में मुक्ति का अहसास
कितना रोमांचित करता है
यह तो वही जानता है
जो सूखने, टूटने
और मुक्त होने (या पत्ते सा भटकने)
के प्रयास में है।

हिसाब

तेरे हिस्से की बदनामी मैंने झेली
मेरे हिस्से की शोहरत तुझे मिली
ऐसा हिसाब किताब तो
सीखा न था कभी।

प्यार

ऊन के गोले जैसा प्यार
लिपटा-लिपटा
नरम-मुलायम
गुच्छा-गुच्छा।

अमरबेल सा फैल गया सारे जंगल में
पत्ती दर पत्ती
शाख दर शाख।

तिनका-तिनका
उलझ गया है
सुलझ गया रेशा-रेशा
नरम-मुलायम-गुच्छा-गुच्छा
ऊनी प्यार।

मुलाकात

तुम्हारे अकस्मात आगमन ने
चौंका दिया मुझे।

भौंचक आँखों
और विस्मृत से शरीर से
तुम्हारी अगवानी हुई
कहाँ
कैसे
अचानक
एकाएक।

मैंने तो सोचा भी न था
तुमसे इस तरह भेंट होगी।
हाँ कभी किसी शहर में
यों ही भूल से टकरा जाएँगे
व्यक्त करेंगे आश्चर्य
पूछेंगे कुशलक्षेम
निभाएँगे औपचारिकताएँ
और नापेंगे अपने-अपने रास्ते।

कितनी भरी-पूरी योजना थी
तुमसे मिलने की।

पर तुमने तो अनायास ही
मुझको असमंजस में डाल दिया।

तुम्हारा
आना और न आना
मुझे एक सा ही छोड़ जाते हैं।

बिम्ब

असंख्य दृश्यों में से
एक बिम्ब उभरा।

घुटनों पर कोहनियाँ टिकाए
हथेलियों के बीच
खिलता चेहरा।

यादें

काँच के अनगिनत टुकड़े
टुकड़ों में से चमकता चाँद
एक चाँद
चमकता अनगिनत रूपों में।

उस पार से आती गीली हवा
टकराती है
तुम्हारे साथ बिताए पलों की
ऊष्मा से।

ये सब
किस तरह
तुम्हारे न होने को
साकार करते हैं।

चाँद

आसमान का चाँद
पृथ्वी की झील में कैद है।

पेड़ों की चारदीवारी से
घिरा चाँद।

लोग
चाँद को छूने की कोशिश में
पत्थर पर पत्थर फेंकते हैं।

पृथ्वी
अपनी धुरी पर घूमते-घूमते
चाँद की ओर लपकती है।

सूर्य
अपनी चकाचौंध से
लीलता है चाँद को।

इन सबसे बेखबर
चाँद
सोया है
मेरी गोद में।

बदलाव

प्रेम
अब उतना रोमांचित नहीं करता।
खुशी
अब उतना पुलकित नहीं करती।
दर्द
अब उतना नहीं टीसता।
तुम भी
पहले जैसी कहाँ रही हो।
वैज्ञानिक कहते हैं
धीरे-धीरे पृथ्वी का मौसम बदल रहा है।

जंगल

फूल, फल, पत्तियाँ, जड़
एक बच्चे ने भरे रंग
और बन गया एक हरा-भरा पेड़।

दूसरे ने उठाया ब्रश
और लगा दी आग सारे जंगल में।

धूप

खिड़की में से देखता हूँ–

धूप
और धूप को पछियाते बादल।
बादल मिलते हैं अनेक बादलों से।

पहाड़ों की चोटियों से
फिसलती बूँदें
धोती हैं हरी-हरी पत्तियों को।

धीरे-धीरे खुलता है
उजला-धुला
हरीतिमा का संसार
धूप से गुजरते हुए।

अनुभूति

धुल गईं वनस्पतियाँ
भर गईं पगडंडियाँ
दोपहर की बारिश से।

चाँद की आभा लिये
जले घर-घर दिये
शाम घिर आई।

निकल आए चाँद-तारे
सो गए लोग सारे

रात का आलम।
मन्दिर की घंटियों से
सूर्य की रश्मियों से
दिन निकला।

चुम्बन

उत्तेजना
उत्सुकता
हर बार।

सूर्यमुखी

उत्सव की लय में
तुमने शोक–गीत क्यों गाया।

अपरिचित स्वरों में
आत्मीयता का बोध कहाँ से आया।

बँधी हुई साँसों से
कैसे बही निर्द्वन्द्व हवा।

सूखे बीजों में कैसे फूटे अंकुर

पहली बार खिले सूर्यमुखी पर
पहले बादल की छाया।

अनजानापन

काश
कि ये चाँद और तारे
मुझसे अनजान बने रहते।

इनकी दूरी
पथ–विधान
इनकी गतियाँ।

मैं न जान पाता
इनके गत–आगत
क्रम की परिस्थितियाँ।

ओ वैज्ञानिको
तुमने ये क्या किया
मुझसे मेरा अनजानापन भी छीन लिया।

करीब

आज
असंख्य बादल मुझे छूकर चले गए
मैं काँपता सिहरता
याद करता रहा
तुम्हारा स्पर्श
जो भर देता है मेरे रोम-रोम में
गर्मी का अहसास
और सुबह की सी ताजगी।

एकाएक
बादलों की ठंडक ने
तुम्हारे कितने करीब ला दिया मुझे।

माँ के प्रति

सर्प की तरह कुंडली मारे गर्भस्थ शिशु
मैं
बैठा हूँ तुम्हारी कोख में।

मेरा सारा जहर
करुणा बनकर
तुम्हारी नस–नस में उतर गया है।

मेरे काटने के चिन्ह
तुम्हारे जिस्म पर उभर आए हैं।
मेरी विषैली फुँकार को
तुमने मसालों की गन्ध में
दबा दिया है।

कितने सहज भाव से
ग्रहण कर लिया है
तुमने
मुझे।

क्योंकि
तुम माँ हो।

दादाजी

घना छायादार वृक्ष
फिर से निकलतीं जड़ें
शाखाएँ, लताएँ
फूटती कोंपलें।

एक भरा पूरा
जंगल।

उसने कहा था*

सूरज-चाँद-सितारे
लगते हों जितने प्यारे
पर इनकी तपिश
तुम सह नहीं पाओगे।

कलियाँ-फूल-बाग-बगीचे
बेशक कितने हों सींचे
पर इनकी तरह
हवा में बह नहीं पाओगे।

बेटी-स्त्री-माता
सबकी भाग्य-विधाता
पर इनकी व्यथा
तुम कह नहीं पाओगे।

इसलिए अपनी जमीन तलाशो
वरना जहाँ खड़े हो
शायद वहाँ
खड़े भी रह नहीं पाओगे।

---

* चन्द्रधर शर्मा गुलेरी की कहानी का शीर्षक

तू

एक गीत है
जो सिर्फ तेरे होंठों पर बजता है।

एक चमक है
जो सिर्फ तेरी आँखों में दिखती है।

एक खुशबू है
जो सिर्फ तेरे शरीर से महकती है।

एक आवाज है
जो सिर्फ तेरे मौन से निकलती है।

एक आग है
जो सिर्फ तेरे भीतर राख बनती है।

सुन
धीरे-धीरे
तू खत्म होती जा रही है।

प्रतीक्षा

तुम्हारी प्रतीक्षा में

खिड़की से दिखती पहाड़ी पर
फूल खिल गए हैं।

बादलों ने दे दिया रास्ता धूप को
हवा ने ओढ़ ली गरमाई की चादर।

पाखियों ने नई–नई प्यार की
भाषा सीख ली है।

नई–नई कोंपलों ने
मुँह दिखाना शुरू कर दिया है।

तुम्हारी प्रतीक्षा में
कितना बदल गया है मौसम।

मौसम

गर्मी बढ़ी
पंखे कूलर चला दिए।
बारिश हुई
खोल लिये छाते।
सर्दी में
ऊन और चमड़े से ढँक लिये शरीर।
वाकई
मौसम ने कितना डरा दिया है हमको।

आगमन

मन के कच्चे आँगन में
तुम धीरे-धीरे उतरो।

अभी-अभी तो धूल जमी यादों को
झाड़-पोंछ कर
लीप-पोतकर
साफ किया है।

अभी तो
विगत के
ऊबड़-खाबड़ गड्ढों को
आगत की
गीली मिट्टी से पाटा है।

अभी तो
अनचाहे पलों का बोझ
पूरी तरह उतर भी
नहीं पाया है।

शायद
कुछ दरारें
कोनों में, दीवारों में

बाकी हों।

ऐसे में
कहीं तुम्हारी अकस्मात आहट से
चौंक न जाए मेरा एकाकीपन।
इस धुँधलाए दरपन में
तुम धीरे-धीरे उतरो।

थकान

कितने पड़ावों को पार कर
पहुँचे हैं यहाँ।
सुनो–
अब और नहीं
थम जाते हैं यहीं।

अकेलापन

धूप चुपके से आकर
गरमा जाती है मेरे कमरे को।

चिड़िया अनजाने ही सुना देती है
अपना संगीत।

जंगल मेरी तरफ भेज देता है
ताजी हवा।

आसमान फेंक देता है
अपनी चादर
पत्तियाँ समय-समय पर आकर
दूर करती हैं मेरा अकेलापन।

मैं इनसे अनभिज्ञ
डूबा रहता हूँ
आदि-अनन्त के प्रश्नों में।

अन्दाज

तुम्हारी आँखें
पहले से कुछ और बड़ी हो गई हैं।
और पहले से ज्यादा प्यारी भी।

तुम्हारी गर्दन का तिल
और भी ज्यादा आकर्षक हो गया है।

तुम्हारे बाल
खुले-खुले से
और अच्छे हो गए हैं।

सुनो
तुम शायद बदली हो या नहीं
पर तुम्हें देखने का
मेरा अन्दाज
बहुत बदल गया है।

तुम

प्रार्थना की मुद्रा में तुम
गायत्री मंत्र सी पवित्र लगती हो।

गीले केशों से टपकती करुणा
होंठों से फूटते श्लोक
आराध्य की मूर्ति आँखों में बन्द।

तुम आहवान करती हो
धरती का
आकाश का
समुद्र का
अग्नि और वायु का।

'प्रभु! सभी को शान्ति दो'
ऐसा कहकर जोड़ती हो हाथ
मानो उड़ा दिए हों कबूतर आकाश में।
प्रत्युत्तर में
हवा के झोंके के साथ
आती है अगरबत्ती की महक।
श्लोकों की अनुगूँज
पूजाघर से निकल
पहुँचती होगी देवताओं तक।

तुम्हारे आहवान
करते होंगे विचलित
पंचमहाभूतों को।
पर मुझे तो दिखती हो
मात्र तुम
किसी श्लोक सी पवित्र।

दिन

सिगरेट के ठूँठों से भरी ऐश-ट्रे
कमरे में लुढ़कती बीयर की खाली बोतलें
हवा में घुलती धुएँ की गन्ध
अलसाया बदन
अधखुली आँखें।

इसी तरह खर्च हो गया
एक और दिन।

आकर्षण

थक जाएँगे लोग
प्रार्थना करते–करते
टूट जाएगी पृथ्वी की धुरी
घूमते घूमते
थम जाएगी हवा
बहते–बहते।
क्या तब भी
शरीर शरीर के लिए
ऐसे ही खिंचेगा।

गाँव–1

अहिस्ता
अहिस्ता
धीरे
धीरे
दूर तक
नजर जाती है।

हौले
हौले
बड़ी देर में
एक परछाई
नजर आती है।

इस तरह
इत्मीनान से
बिना परेशान हुए
एक शाम
गुजर जाती है।
सचमुच
अब समझ आया
क्यों शहर की भागदौड़ से
मुझे गाँव खींच लाती है।

गाँव–2

दूर तक जाती काली सड़क
यहाँ कभी धूल भरी पगडंडी थी।

धुआँ छोड़ती लॉरी
गाड़ी की चुरूक–चूँ पीछे छूट गई।

धड़–धड़ चलता हैंड पम्प
कुआँ बाल्टी ताक रहे हैं।

पानी फेंकता डीजल–इंजन
रहट की आवाज कैसी थी।

धरती का सीना रौंदता ट्रैक्टर
गाय का बछड़ा उदास है।

बद से बदतर होतीं इनसानी शक्लें
यहाँ कभी गाँव हुआ करता था।

साथ

दूर रखो अपना हाथ
जब हर दर्द
मुझे अकेले ही झेलना है
तब क्यों माँगूँ तुम्हारा साथ।

शब्दकोश

नयन
अधर
कपोल
ग्रीवा
शरीर।
दृष्टि
स्मित
चुम्बन
श्वास
आलिंगन।

शब्द
कम्पन
थरथराहट।
उत्सुकता
भय
आहट।

संध्या
रात
अनसुनी सी
बात

हाँ और ना।

मेरे शब्दकोश में
इन सबकी
व्याख्याता तुम्हीं हो।

अर्थ

दूरी–
नहीं–नहीं
तुमने कहा मजबूरी।

अलगाव–
नहीं–नहीं
थोड़ी देर का पड़ाव।

प्यास–
नहीं–नहीं
मिलने की आस।

तड़पना–
नहीं–नहीं
सच होता सपना।

शर्तें–
नहीं–नहीं
जीवन की खुलती परतें।

इस तरह
तुम्हारे साथ
कितने शब्दों के
नए अर्थ सीखे मैंने।

वक्तव्य

तुम्हारी ये जिद
कि कुछ कहूँ
और लीक से हटकर कहूँ।

तो क्या इतना कहना काफी नहीं
कि अब कहने को कुछ बाकी नहीं।

इकबाले जुर्म

तुझे नहीं
तेरे जिस्म को चाहा मैंने।
जब भी देखा
वासना की नजर थी
सच बताना
क्या तुझे
मेरे इरादों की खबर थी?

अगर हाँ
तो क्या तू मेरे गुनाहों में शामिल नहीं
अगर नहीं
तो फिर मैं तेरे काबिल नहीं।

इससे ज्यादा
इकबाले जुर्म
और क्या होगा।

आम आदमी

उसकी आँखों में
गुस्सा है
उसकी मुट्ठियाँ तनी हुई हैं।
वो किसी की तलाश में
बेचैन है।
पर एक साल बाद चुनाव है।

यह सुनते ही
ठंडा पड़ जाता है गुस्सा
और खुल जाती हैं मुट्ठियाँ।
फिर कोई उम्मीद नजर आती है।
ये हमारे देश का
आम आदमी है।

हल

आपने जिन्दगी के मसले
कुछ इस तरह से हल किए
जब जरूरत थी आपकी
तभी छोड़कर चल दिए।

यमराज

दनदनाता हुआ आएगा अचानक
मेरे भीतर घुस जाएगा
और ले जाएगा
अपने साथ।

दन्तकथाओं का यमराज
प्रतीक्षा में है
किसी अनहोनी की।

समय आते ही
लपक लेगा
अचानक।

तलाश

तुम चाँद हो
जिस पर लोग
कितनी बार आए-गए हैं।

मुझे तलाश
किसी अनजान सितारे की है।

मुक्तक

[1]

यहाँ हर पत्थर एक खुदा है
सचमुच तुम बहुत पत्थरदिल हो।

[2]

वो आँसू खुशी के थे या गम के
मगर हमें तो नमकीन ही लगे।

इलाज

तेरे शहर का मौसम इस तरह बदलता रहा
बर्फीली रातों में भी ये जिस्म पिघलता रहा।

तुझे आदत है या नहीं ये तो मुझे पता नहीं
पर तेरी याद में सारी रात करवटें बदलता रहा।

उस बीमारी की तरह तू मुझे याद रही
जिसका इलाज जिन्दगी भर चलता रहा।

मुझे गिराने की कोशिशें तो बहुत सी हुईं मगर
मेरी भी ये जिद गिर–गिर कर सँभलता रहा।

मुजरिम

मैं आवाज दूँ या तू आवाज दे
मगर बीच की दूरियाँ मिटा दे।

मेरे साथ अगर आ नहीं सकता
तो अकेले चलने का हौसला दे।

दुआ की गुंजाइश ना हो अगर
तो फिर खूबसूरत सी बद्दुआ दे।

मुंसिफ वकील गवाह तुझे बनाया
मुजरिम हूँ मैं अगर तो फैसला दे।

धोखा

खुली आँखों से प्यार नहीं होता
बन्द आँखों से दीदार नहीं होता।

इतना क्यों भटकता मैं अगर
उसका तलबगार नहीं होता।

मुझे धोखा कैसे देता वो शख़्स
अगर वो मेरा यार नहीं होता।

मंजिल का पता बताते हैं लोग बहुत
साथ चलने को कोई तैयार नहीं होता।

शराफत

हुजूर, खुदा की मेहरबानी है
कि आपकी नस्ल खानदानी है।

गलती हुई आपको निकम्मा समझा
माफ कीजिए हमारी नादानी है।

आपने गाली दी हमें अच्छी लगी
ये भी आपकी शराफत की निशानी है।

आपको धोखेबाज मक्कार कहा
छोड़िए ये उनकी बदजुबानी है।

हाँ ये झूठ है खुशामद है
यही तो जमाने की कहानी है।

हादसा

मेरी तमन्नाओं का चाँद खो गया
न जाने हादसा ये कैसे हो गया।

जगाया था जिसे रातभर के लिए
शख्स वो शाम होते ही सो गया।

या खुदा कुछ और दुश्मन बख्श मुझे
दोस्तों का जहर तो बेअसर हो गया।

हर तजुरबे ने सिखाया है यही
जाने भी दो जो हो गया सो हो गया।

पापी

थोड़े पाप और कमा लूँ फिर मैं भी कुम्भ नहाऊँगा
मैं तो पूरा पापी बनकर चार धाम को जाऊँगा।

पाप-पुण्य के चक्कर में ही आधा जीवन बीत गया
असमंजस में और रहा तो जीवन भर पछताऊँगा।

इधर-उधर मैं भटक चुका हूँ, अभी और भी भटकूँगा
देखो लेकिन अन्त समय में पास तुम्हारे आऊँगा।

पीने और पिलाने के सब साधन तुमने बन्द किए
तुम्हीं बताओ इस महफिल को कैसे मैं बहलाऊँगा।

खुदा खैर करे

उनको आती है मसीहाई, खुदा खैर करे
हम हैं महज तमाशाई, खुदा खैर करे।

सजा सुनाने में अब देर क्यों है
उसने दे दी है गवाही, खुदा खैर करे।

मंजिल की आड़ में मकसद छिपा लिया
कैसी ये बेहयाई, खुदा खैर करे।

चाहत

जब से कातिल हैं सरकारी हिफाजत में
मजा आने लगा है हमको बगावत में।

पहले जमाने भर के मसले सुलझा लूँ
अभी थोड़ी देर लगेगी तेरी इबादत में।

जो कुछ भी तुमने सिखाया था मुझे
वो सब शामिल हो गया मेरी आदत में।

चन्द इत्तफाक और कुछ गलतफहमियाँ
यही छोड़ जाऊँगा अपनी विरासत में।

प्यार में दोस्ती तक कुरबान कर दी
और क्या करता मैं तेरी चाहत में।

साजिश

जो वारदात हुई नहीं उस पर बड़ा बवाल है
हुकूमत के सिरफिरों की इज्जत का सवाल है।

हवा और पानी ने मिलकर मिटाए हैं सबूत
आसमान भी साजिश में शामिल ये खयाल है।

तफ्तीश जारी है मगर कोई सुराग नहीं मिलता
मुसीबत मे फँसे हुक्मरानों का बुरा हाल है।

आज के दौर में आदमी की फितरत तो देखिए
सत्ता के बाहर बागी और सत्ता में रहकर दलाल है।

खंजर

तू शायद इस बात से बेखबर है
कि हर दरिया की मंजिल समंदर है।

जीत पर अपनी इतना मत इतराना
खराब ही सही पर अपना मुकद्दर है।

उधार की तकदीर लेकर क्यों जीएँ
इस तरह जीने से तो मौत बेहतर है।

उसी के आगे सजदे में झुका हूँ
मेरी पीठ पर जिसका खंजर है।

बयान

दोस्तों का जहर बेअसर होने लगा
दुश्मनों की मेहरबानी चाहिए।

दुश्वारियाँ सब दूर होने लगी हैं
फिर कोई नई परेशानी चाहिए।

तूने नजर मिलाई और फिर फेर ली
प्यार में ऐसी ही नादानी चाहिए।

सूखे में सूख गए खेत तो क्या हुआ
किसानों की आँखों में पानी चाहिए।

बयान उसका दर्ज था कागजों में
पर मुंसिफ को उसकी जुबानी चाहिए।

माहौल

उसने अपनी बेरुखी का कोई कारण नहीं बताया
क्या भला सा एक भी बहाना उसे याद नहीं आया।

बस्ती दर बस्ती भटकते रहे रोशनी की तलाश में
किसी ने घर के बाहर दीया तक नहीं जलाया।

सियासत के दाँव-पेंचों ने माहौल ऐसा कर दिया
आदमी से डरने लगा है आदमी का साया।

कभी न कभी तो ख्वाब हकीकत में बदलेंगे
यही कह-कहकर उसने जिन्दगी भर बहलाया।

फरमान

इस मुल्क में अब झूठ नहीं सहा जाएगा
सच के सिवा कुछ भी नहीं कहा जाएगा।
नया फरमान जारी हो गया है चारों तरफ
जो गफलत करेगा वो सख्त सजा पाएगा।

इन फरमानों से क्या नीयत बदलने वाली है
भला झूठ बोले बिना आदमी से रहा जाएगा।

ये नई सल्तनत के दिमागों की ताजा उपज है
अब आगे देखते रहिए बड़ा मजा आएगा।

हुकूमत

हुकूमत बदली, हुक्म बदला
हमारी किस्मत नहीं बदली।
सब्ज बाग दिखाकर लूटने की
आपकी आदत नहीं बदली।
महँगाई छूने लगी आसमान
पर वोट की कीमत नहीं बदली।

घर की इज्जत कहाँ छिपाएँ
अभी उनकी नीयत नहीं बदली।

सिपाही से शहंशाह हो गए
फिर भी फितरत नहीं बदली।

आदत

पीकर बहकने की आदत नहीं गई
यानी सरपरस्तों की विरासत नहीं गई।
बेशक चश्मा चढ़ गया हो आँखों पर
मगर अभी आँखों की शरारत नहीं गई।
गिरवी रख दिया घर के गहनों को
मतलब उसकी शराफत नहीं गई।
चाहे जितना जोर से गले मिलो
पर अब तक दिलों से अदावत नहीं गई।

रास्ता

तूने मुझे ऐसा रास्ता क्यों बताया
जो घूम-फिरकर तेरे ही पास आया।
मेरी बेबसी पर खुश होने के लिए
बेवजह मुझे इतना भटकाया।
मैं तेरे इशारों को भी समझता हूँ
तू मेरी जुबाँ भी नहीं समझ पाया।
तेरी मसीहाई के दावे खोखले निकले
इतिहास ने फिर खुद को दोहराया।

नशा

पीता हूँ बहकता हूँ सँभलता हूँ
हर घड़ी तुझे ही याद करता हूँ।

हर शाम चाँद तारों की सैर होती है
सुबह होते ही धरती पर उतरता हूँ।

चढ़ता हूँ पहाड़ों पर बेहिचक लेकिन
जहाँ जमीं हो वहीं पर फिसलता हूँ।

ये सब तुझे अच्छा नहीं लगता
इतना तो मैं भी समझता हूँ।

योजना

सुना है एक नई योजना आने वाली है
सरकार साँसों पर पहरा बिठाने वाली है।
हर साँस पर जनता से टैक्स वसूला जाएगा
इस तरह भरेगा, जो खजाना खाली है।
हमने बेझिझक हकीकत बयान कर दी
वो कहते हैं हकीकत नहीं गाली है।

जिसका भी हाथ उठा हक के लिए
एफ आई आर करो, वो गुंडा मवाली है।

लोकतंत्र

कल तक चर्चा आम रही जो सत्ता के गलियारों में
खास खबर बनकर छपती है सुबह के अख़बारों में।
गुस्साई जनता को अब कैसे बहलाया जाएगा
इसी बात पर होड़ मची है कुर्सी के दावेदारों में।
जिस इज्जत की खातिर सब कुछ छोड़ दिया
वो इज्जत नीलाम हुई सरे आम बाजारों में।
नकदी, औरत, दारू, गाँजा, सुल्फा, खेल-तमाशे
कमी नहीं है किसी ऐब की धन्धे के फनकारों में।

तबाही

[1999 उड़ीसा में महाचक्रवात के बाद]

बस्तियाँ-दर-बस्तियाँ उजड़ गईं तूफान से
क्या एक भी सवाल पूछा गया भगवान से।
मन्दिरों और मस्जिदों की तो यहाँ कमी नहीं
फिर ऊपरवाला क्यों खफा है इन्सान से।
मदद के लिए हाथ कौन बढ़ाता आखिर
तूफान में सब लोग थे हैरान और परेशान से।
जहाँ कभी रौनक के मेले लगते थे
वही मंजर नजर आते हैं श्मशान से।
सब लोग परेशान थे उसके सवालों से
पर मुझे तो उसके सवाल लगे आसान से।

प्रलय की प्रतीक्षा में

[12 अक्टूबर, 2013, उड़ीसा में 'फेलिन' चक्रवात से पहले]

प्रलय से ज्यादा भयंकर है
प्रलय की प्रतीक्षा।
आशंकित मन
अनिश्चित जीवन।
कल्पनाओं के घोड़ों पर सवार
घेर लेते हैं हजारों विचार।
हर पल मरना
हल्की सी आहट पर चौंकना,
डरना।

हर घड़ी–
बन जाती है एक सदी।
प्रलय की प्रतीक्षा में।

सजा

तुझे देखना
एक नशा।
तुझे चाहना
एक सजा।

क्या ये नशे की सजा है।

संविधान

वो
बहुत उदास
हताश
निराश
परेशान है।

क्या
उसके पास भी
कोई
संविधान है।

खोज

सुबह से शाम तक
शाम से सुबह तक
पीता रहा।
फिर भी क्यों
ये मन
हर घड़ी
रीता रहा।

इसके कारणों की खोज जारी है
मेरे बाद अब तुम्हारी बारी है।

नाम

पत्नी प्रश्न बहुत करती है
प्रेमिका उत्तर बहुत चाहती है।

लेकिन तुम
सिर्फ कुछ प्रश्नों के उत्तर चाहती हो।

तुम्हें क्या नाम दूँ?

अभिमन्यु का संताप

प्रभु!
ये लीला क्यों रचाई।
इतने महाबलियों और
महारथियों के बीच
चक्रव्यूह तोड़ने की जिम्मेदारी
मेरे कन्धों पर ही क्यों आई।

प्रभु!
तुम तो अन्तर्यामी थे
तुम्हें पता था
द्रोणाचार्य का चक्रव्यूह
उसकी रचना
संरचना
उसके भेदन का रहस्य।
क्यों अर्जुन को लेकर भाग गए दूर
क्यों सारे महाबलियों को
कर दिया मजबूर।

सात अक्षौहिणी सेना
न बचा सकी इस बालक को!!
रथ के टूटे पहिये से
लड़ने के लिए

मुझे ही क्यों चुना प्रभु?
क्या मेरा
अपनी माता के गर्भ में
चक्रव्यूह भेदन सीखना
गलत था।

तो यही सही
फिर यही बात मैं
अनगिनत चक्रव्यूहों में फँसे
असंख्य अभिमन्युओं को समझाऊँगा।
अगले जन्म में
जो भी सीखूँगा माँ के गर्भ में
तुम्हारी सौगन्ध
किसी को नहीं बताऊँगा।

प्रभु!
जो भी लीला तुमने रचाई
मर कर ही मेरी समझ में आई।

भ्रूणहत्या

अभिमन्यु
तुम भाग्यवान थे।
तुमने माँ के गर्भ में जो सीखा
उसे दुनिया को दिखाकर तो गए।
हमारी व्यथा सुनो
जो जन्म से पहले ही मर गए।
हमने भी
आधा-अधूरा समझा था
जीवन के गूढ़ रहस्यों को
मनुष्य के चरित्र को।
हमें विश्वास था
अपनी तैयारी पर
किसी भी चक्रव्यूह में फँसने पर
तुम्हारी तरह नहीं मरते
बेहिचक
शत्रु को हराने के लिए
कोई भी प्रपंच रचते
धोखे से मारा गया था तुम्हें
इस तरह हम नहीं फँसते।
पर-
हम
भाग्यहीन

हमारा पौरुष देखने से पहले ही
हमें कर दिया गया विलीन।

तुम
पांडव दल के सेनानी थे
तुम्हें तो मारा था
कौरव दल ने
किन्तु
हमारी हत्या में
कौरव और पांडवों
दोनों का हाथ है
महाभारत के महानायक भी
उनके साथ
ये आश्चर्य की बात है।

हमारा भी प्रण है
जन्म लेने का यदि मौका पाएँगे
किसी भी हालात में
तुम्हारी तरह नहीं मारे जाएँगे।

वक्त

प्यार के लिए वक्त नहीं
नफरत के लिए कहाँ से लाऊँ मैं
तेरी जैसी फितरत कहाँ से पाऊँ मैं।

कविता

मेरी कविता–
व्यक्तिगत संवाद
क्या तुझे है याद।

ये सब
तूने ही बताया
सिखाया
समझाया
और फिर नजर नहीं आया।

जन्मदिन

हर्ष
सुकून से बीता एक वर्ष।

विषाद
एक और साल दे गया अपनी याद।

मलाल
हाथ से फिसल गया एक और साल।

जोड़ और घटा
दोनों एक साथ।

जिन्दगी

जिन्दगी में जितना मिला काफी है
जिन्दगी के बाद की जिन्दगी भी तो अभी बाकी है।

अकस्मात

अकस्मात
तुम्हारा फोन
थोड़ी देर मौन।
कब
कहाँ–कैसे।

फिर वही चाहत
अकस्मात।

वासना

छूने पर
तुमने कहा
गलत है।

चूमने पर
तुमने कहा
वासना है।
ये सब
पाप है।

तुम्हीं बताओ
फिर प्यार क्या है?

प्यार और वासना में अन्तर का
आधार क्या है?

गीत

आज मैं फिर से बहकना चाहता हूँ
तेरी खुशबू से महकना चाहता हूँ।
तेरे माथे की लट बनकर
तेरे हाथों से सुलझना चाहता हूँ।
जम गया हूँ पत्थर की तरह
तेरी बाँहों में पिघलना चाहता हूँ।
तूने किस तरह चाहा मुझे
तेरी चाहत को समझना चाहता हूँ।
नहीं आज मत सँभालो मुझे
मैं जी भरकर फिसलना चाहता हूँ।

दूरियाँ

इससे पहले कि ऊब जाएँ
चलो दूर हो जाएँ।
रूप गन्ध स्पर्श
किसी का नहीं रहा मोह
शरीरों ने कर दिया विद्रोह।
इस विद्रोह का उत्सव मनाएँ
आओ दूर हो जाएँ।

●●●